ELIE   RYCCYL

VOYAGE POÉTIQUE VERS UNE ÎLE D'AMOUR

À CAUSE DE MON AMOUR

À cause de mon amour

Se réuniront en cascade

Les étoiles des cieux

Pour chaque soir de l'éternité

T'offrir une robe de fée.

À cause de mon amour

Se réuniront en peuplade

Les poussins les plus doux

Pour te faire chaque nuit

Un lit tiède et soyeux.

À cause de mon amour

Se réuniront en myriades

Les roses du monde entier

Pour te faire chaque jour

Le plus grand des bouquets.

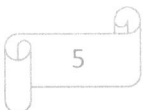

À cause de mon amour

Se réuniront en parades

Les oiseaux du paradis

Pour te faire à chaque heure

Un ballet enchanteur.

À cause de mon amour

Se réuniront en couffins

Tous les chatons mignons

Pour te faire çà et là

Les plus doux des câlins.

À cause de mon amour

Se réuniront en Familles

Les chérubins par milliers

Pour te faire sans cesse

Des chants d'allégresse.

À cause de mon amour

Se réuniront en Voie Lactée

Tous les trésors des cieux

Pour te faire à jamais

Une place près de Dieu.

ÂMES EN FUSION

AIMER c'est sentir qu'à chaque instant

On ne peut vivre quand l'autre est absent

Que chacun se fond en l'autre vraiment intensément

Pour ne former plus qu'UN tout en s'épanouissant.

AIMER c'est sentir qu'à chaque seconde

On peut affronter toutes les peines du monde

La force et l'émoi en notre âme abondent

Et des vagues de Joie sans cesse nous inondent.

AIMER c'est sentir à chaque heure

Qu'il n'y a pas de limites au bonheur

Et que même la mort ne peut nous faire peur

Tant que l'on reste uni avec l'Âme sœur.

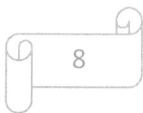

AIMER c'est sentir que chaque jour

A pour éternel soutien l'Amour

Que de nouvelles Lumières vers notre cœur accourent

Et qu'on se donne Toujours sans attendre de retour.

AIMER c'est sentir dans l'Eternité

Que le temps et trop court pour notre félicité

Qu'on savoure un profond désir de Tout partager

Et que vers l'Étoile céleste on voudrait s'évader.

AIMER c'est sentir au-delà du temps

Que du Divin anime ce sentiment

Que l'on découvre en l'autre des merveilles incessamment

Et qu'à deux on extrait de la Vie le diamant.

AMOUR EXOTIQUE

Fine rosée sur tes prunelles

Et cils en vol de tourterelles.

Peau à la couleur sauvage du miel

Au parfum de pomme cannelle

Et à la saveur de caramel,

Tu es de mes yeux la prunelle.

Nuits étoilées de lucioles

Flèches de cannes frivoles

Fine peau de carambole

Doux sucs de corossol

Teintes pures du créole

Tu es la chair de mon sol.

Ondes molles de toloman (*)

Enveloppe tiède des vents

Ecumes sur les brisants

Pluie fine de manioc blanc

Innocence d'enfants

Tu es fontaine de mon sang.

Reflets dorés de ta peau

Franges de coquelicots

Vapeurs suaves de mango (**)

Sources vives de mes eaux

Chants de feuilles de coco

Tu es l'âme de mes flots.

Cœur par le tambour rythmé

Courbes de tes hanches enivrées

Robe en mousse dentelée

Vagues qui viennent se briser

Sur les plages de ta peau cuivrée

Tu es mon île, mon adorée.

(*) Le toloman est un tubercule (du même type que l'igname ou la patate) avec lequel on fait une farine. Mélangée à de l'eau elle la gélifie et donne une boisson épaisse. Aromatisée avec citron, cannelle, sucre ou miel, c'était un breuvage sain et nutritif délicieux très apprécié par les nourrissons des Antilles.

(**) Le mango est une des nombreuses variétés de mangues tropicales.

AVEC TOI

Onde de vie sur l'océan de mon être

Animé par la mère de mes joies et quêtes

Croyant connaître la vie je découvre enfin

Une source inestimable de bien-être sans fin :

Avec toi on écoute les refrains de la quiétude

Avec toi on goûte le nectar de la douceur

Avec toi on respire le parfum de la tendresse

Avec toi on savoure les saveurs de la joie

Avec toi on admire les paysages de la beauté

Avec toi on voyage dans le plaisir de la pensée

Avec toi on embrasse l'essence de la vie

Avec toi on ressent les caresses de la paix

Avec toi on se fond dans l'univers du féminin.

Avec toi on est rassasié par la source de l'être.

CARÊME EN DÉCLIN

(Carême : saison sèche aux Antilles - Hivernage : saison pluvieuse)

Le carême est à son déclin

Et l'astre brille sans fin.

Vois sa douce tristesse

Qui frémit et m'oppresse...

Ces arbres furent-ils verdoyants

Et, de la fraîcheur, tendres amants ?

Prairies, monts et la Nature entière

Forment un seul grand cimetière.

Voyez l'astre se cacher

Dans la mort, sa terre sacrée,

Pour bientôt réapparaître

Et aider l'hivernage à renaître...

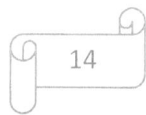

Tu imprègnes tout mon cœur

La nuit honore ta douceur...

Si je devais y laisser ma vie

En toi je survivrai à l'infini.

Le vent, en prononçant sa sentence

Éparpille et souille ta semence...

J'aspire à verser mon Âme

En chaque feuille qu'il entame.

Avec douleur l'arbre sa parure sème

Petit à petit au vent du carême...

Dans la Paix du dernier soupir

Oui, en Beauté on peut mourir !

CARESSES TROPICALES

Mes mains tremblent et caressent

Tout ton corps étalé

Monts succédant aux vallées

Ô douce mulâtresse...

Mes mains pressent et caressent

Ta poitrine tiède qui surgit

Deux offrandes d'abricot pays

Ô tendre mulâtresse...

Mes mains fouillent et caressent

Ta chevelure ondulée

Forêt dense couleur d' henné

Ô fine mulâtresse...

Mes mains frôlent et caressent

Tes paupières en brune cannelle

Sur un clair de lune nuage frêle

Ô fugitive mulâtresse...

Mes mains touchent et caressent

Tes lèvres en hibiscus brillant

Humecté d'un nectar enivrant,

Ô belle mulâtresse...

Mes mains sondent et caressent

Ton gazon tout moite et bouclé

Parfum sauvage, suave de café

Près de ta caverne au trésor de mulâtresse...

L'abricot des Antilles (appelé « abricot pays ») est bien plus gros que l'abricot de France hexagonale (taille d'un melon entre 15 et 25 cm de diamètre) et sa peau est marron et épaisse. Sa chair orange vif au parfum suave, léger et parfumé explique le parallèle avec l'abricot des pays tempérés.

CHERIE

↓

Jamais sans une bonne analyse

Et une patience bien mise

Tu ne pourras découvrir

Au fond des vers à languir

Inscrits pour tes yeux d'ange

Mon ardeur qui me démange

Et ma flamme trop ardente

Allumée par trop charmante

La vie, l'amour elle implore

À un joyau tout en or

Fugitif, lointain, mais rêvé...

Oh, pourquoi donc le destin

Les flots, les terres sans fin

Indifférents, ne se meurent

Et s'écroulent sous mes pleurs.

(Lire le message écrit avec les premières lettres des vers)

COMMENT T'OUBLIER

J'ai souvent essayé d'oublier ta présence

Mais chaque fois qu'un nuage parcourt les cieux denses

Je perçois de nouveau l'envol de tes pensées

Sur le firmament morne de mon âme esseulée.

J'ai quelquefois tenté de ternir ton image

Mais quand un étang pur me reflète comme un mirage

Le spectacle féerique d'une nature épanouie

Les lumières de tes yeux éclairent alors ma vie.

J'ai plusieurs fois cherché à faire taire ton essence

Mais quand un arbre m'offre les fruits d'une sainte semence

Je découvre les effluves de tes senteurs boisées

Par les grottes et crevasses de mes terres affamées.

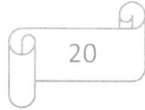

J'ai voulu sans cesse bannir le poids de ton absence

Mais ta présence dans l'univers avive ma conscience

Chaque fois comme greffée pour toujours à mon destin

Signe que l'espace n'efface pas l'union de nos chemins.

CONFIDENCES

Je mets en toi ma confiance

Et j'adore t'écouter en silence

Pour m'imprégner de ton essence

Et savourer toute ta présence.

Je veux toujours te dire mille discours

Mais quels mots suffisent pour te faire la cour ?

Pour décrire un ange ou le pur amour ?

Une âme en rose ou des yeux de velours ?

Sur les constellations de mon cœur

Tu couronnes mes passions à toute heure

De ta sainte robe en cascade étoilée

Éclatante de lumières brodées.

Face à un être aux éclats sans pareil

Qui rendrait jaloux même le soleil

Je me greffe sur sa vie aux milliers d'arc-en-ciel

Qui à chacune de mes nuits le jour appelle.

CRISTAL D'AMOUR

Sur la folle journée de nos tourments

Si le soleil pouvait se coucher lentement

Alors nous valserions ainsi au bord de l'océan

Dans l'espoir qu'alors s'arrêtera le temps.

Et puis en t'enlaçant je dirai tout bas

Que je voudrais ainsi toujours suivre tes pas

Et que toute ma vie je ne fasse qu'un avec toi

Être bercé tout le temps par le doux chant de ta voix

D'une passion si forte et toute immaculée

Un ange de Lumière va nous illuminer

Et cristalliser notre amour en un rayon doré

Ou nous serons unis pour toute l'éternité.

DAME TORTUE

Regardez, sur le gazon, Dame Tortue

Qui, pas à pas, lentement, évolue !

Là-bas, vers son abri caché de feuillage,

Elle se dandine d'une allure trop sage.

Oh ! Approchez avec de la douceur !

Sinon elle ne vous tiendra pas à cœur

Et rentrera dans sa carapace

Pour que s'en aille la menace.

Offrez-lui un fruit ou bien du yaourt,

Elle happe laissant voir sa langue courte

Vous verrez, si vous êtes perspicace,

Dans ses petits yeux, la joie qui passe.

Au fond de sa carapace si belle

Elle emprisonne le temps et la sagesse

Mais guette sans expression une caresse

Dame Tortue tu es Dame Éternelle...

ECLOSION SENTIMENTALE

Te dire que je t'aime serait faire un mensonge

Car la Feu qui m'embrase jusque dans mes songes

Semble rayonner au-delà de l'amour

Pour déployer mes Passions au fil des jours.

Comment ignorer la Douleur de l'Absence

Alors que sans fin je désire ta Présence ?

Et la souffrance m'envahit quand je te vois

Car il faudra se quitter encore une fois.

J'ai besoin de Toi le jour pour m'épanouir

Car une plante sans soleil cesse de grandir.

Et mon être t'appelle le soir pour son Bonheur

Car la mer sans lune ne peut prendre de l'Ampleur.

Les fleurs t'inondent de leurs éclats et beautés

Tandis qu'aux anges tu ôtes Vertus et Bontés.

Mon unique Vœu est de vivre sous ton joug

Pour me Nourrir de tes Charmes et tes Atouts.

EMOTIONS

Mon Âme est en extase

Face aux battements Gracieux

Des ailes aux couleurs pourpres

D'un papillon Charmant

Pose sur une rose au teint basané.

Un pur rayon de soleil

Les effleure et se reflète

Pour éclairer le monde

Des éclats de la vie

COMME TES LÈVRES

POSÉES SUR TON VISAGE.

Mon Âme est en émoi

Face aux courbes harmonieuses

D'une cascade aux senteurs des prairies

D'eaux vives argentées

Tombant sur les mousses des prés.

Un léger souffle du vent

L'enveloppe et l'anime

Pour la faire valser

Sur les notes de la vie

COMME TES CHEVEUX

TOMBANT SUR TES ÉPAULES.

Mon Âme est en Fascination

Face aux reflets subtils

De doux croissants de lune

Entourés de voûtes d'ébène étoilées.

Des nuages de voile dentelée

Tour en tour cachent Tendrement

Ces diadèmes aux multiples facettes de Vie

COMME TES YEUX

ENTOURÉS DE TES CILS ET SOURCILS

ET CACHES tour à tour PAR TES PAUPIÈRES.

Mon Âme est en admiration

Face au glissement si doux

D'un cygne blanc éclatant

Sur l'étang de cristal à la surface argentée.

Bercés par ses ailes,

Des nénuphars tels des aquarelles

Aux teintes pastel

Engendrent des ondes de Vie

COMME TES PENSÉES

GLISSENT SUR MON ÂME.

Avoir eu un Jour à contempler, sous un soleil ardent

De mes yeux incrédules cette rose la plus Belle

Miroir où tout le charme de l'univers se reflète

Illuminant ses pétales d'une jupe où rouge et bleu se mêlent

Rehaussée d'un tendre corsage comme offert par une fée

À mon âme pour la première fois de ma vie si troublée.

Entre ses Joyaux extérieurs et ses perles intérieures

Ile-Eden ou Je rêve de naître, de vivre et de mourir

Ô Harmonie Délicate, Romantique, d'émoi et de Couleurs

Nostalgie car la vie sépare nos corps mais fait nos Âmes s'unir.

ENSEMBLE

Ensemble nous marchons vraiment main dans la main

Et s'entrouvre en nos cœurs la fleur d'une nouvelle harmonie

Qui honorera nos heures tout au long des chemins

Qu'ensemble nous suivrons sur les fleuves de la vie.

Ensemble nous marchons vraiment main dans la main

Et l'empreinte brûlante de tes lèvres sur les miennes persiste

Témoignant d'un baiser dont vint trop tôt la fin

Mais je sentis de ton cœur les pulsions de délice.

Ensemble nous marchons vraiment main dans la main

Et la douceur divine de ta peau me tourmente,

Tout autant que tes yeux aux reflets doux et sains

Lancés par ton âme telle des chaînes enivrantes.

Ensemble nous marchons vraiment main dans la main

Et toi, la plus aimable personne au monde

Toi dont l'éloignement dangereusement m'atteint

Tout autant que ta présence de bien-être m'inonde.

Ensemble nous marchons vraiment main dans la main

Et il semble que nos vies n'ont plus rien d'humains

Mais seraient plutôt celle de deux joyeux séraphins

Qui s'envolent avec tendresse vers un bonheur sans fin.

EXTASE

Qu'y-a-t-il de plus pur qu'un visage d'enfant ?

C'est certainement son reflet en un miroir !

Qu'y-a-t-il de plus doux qu'un cœur d'enfant ?

Sache que c'est ce qu'au dedans on peut voir !

Qu'y-a-t-il de plus triste qu'en enfant délaissé ?

C'est de ne plus jouir du spectacle de ses ébats !

Qu'y-a-t-il de plus curieux qu'un enfant nouveau-né ?

Oh, c'est bien le regard attendri de Maman et Papa !

Qu'y-a-t-il de plus intense qu'un poème d'amour ?

C'est surement la passion qui anime son auteur !

Qu'y-a-t-il de plus beau qu'une chanson d'amour ?

Sache que c'est le message qu'elle offre à ton cœur !

Qu'y-a-t-il de plus charmant qu'un précieux visage ?

C'est l'être quand cœur et esprit s'unissent à sa beauté !

Qu'y-a-t-il de plus vivant qu'en mon cœur son image ?

C'est l'ardent espoir que l'avenir sera sa félicité !

FLEUR DE PARADIS

Dans le Jardin de ma vie

Pousse une fleur de Paradis

C'est vraiment au monde la plus belle

Aux reflets doux, couleurs pastel

Aux attraits uniques

Aux parfums magiques.

Qu'importe les papillons colorés sur ses pétales

Et les gouttes de pluie d'or, d'argent et de cristal

Car sa beauté sans artifices rayonne au fil des jours

Et la brise des joies simples en une valse la berce toujours

La rosée du pur amour l'empêchera de se faner

Et le soleil de paix toujours maintiendra sa pureté.

C'est un trésor, une idylle

Mais oh combien fragile ! ! !

Prête à refermer ses tendres et fines pétales

Dès qu'on la touche sans douceur ou simplement mal

Quand on élève la voix annonçant un orage

Quand le visage durci : Ciel aux sombres nuages.

Serais-je devenu fou, aveugle ou inconscient ? !

De l'ignorer, la troubler depuis tout ce temps ? !

D'étouffer tous ses charmes et tendres éclats ? !

De tout faire pour qu'elle flétrisse et aille au trépas ? !

Or il faut qu'elle s'épanouisse sans mouvements brusques

Et elle doit se déployer sans qu'on l'offusque.

J'AI BESOIN DE TOI

J'ai besoin de Toi

Pour le souffle de ton Âme ;

J'ai faim de Toi

Pour tes éclats de Femme.

J'ai besoin de Toi

Pour les vertus de ton Cœur ;

J'ai soif de Toi

Pour enrichir nos heures.

J'ai besoin de Toi

Pour faire naître deux bonheurs ;

J'ai foi en Toi

Pour dévoiler Tes valeurs.

J'ai besoin de Toi

Pour la force de ton Moi;

J'ai confiance en Toi

Pour ta nature et tes droits.

J'ai besoin de Toi

Pour que tu t'épanouisses ;

J'ai des pensées pour Toi

Pour que tes forces grandissent.

J'ai besoin de Toi

Pour tes beautés et attraits ;

J'ai prié pour Toi

Pour ta félicité et ta paix.

J'ai besoin de Toi

Pour que la tombe de tes tourments se creuse ;

J'ai des attentions pour Toi

Pour que tu sois vraiment heureuse.

J'ai besoin de Toi

Pour sentir et voir un Humain ;

J'ai fait appel à Toi

Pour qu'avec l'Autre le cœur soit bien

J'ai besoin de Toi

Pour que tes volontés soient faites ;

J'ai des rêves de Toi

Pour l'Empreinte de ton être.

J'ai besoin de Toi

Pour enrichir ta vie ;

J'ai des pensées pour Toi

Pour ton cœur, ton corps et ton esprit.

J'ai besoin de Toi

Parce que c'est Toi et c'est Moi;

Mon sang réclame tes globules

Pour les vitamines de ta Substance.

JE T'EN PRIE

↓

Merveilleuse déesse aux yeux envoûtants

Ange de douceurs qui sourit tendrement

Rose charmante aux pétales veloutées

Imprégnant mon cœur d'élans d'admiration

Offre-moi ta vie et assouvis ma passion;

Nul ne pourra nous séparer, ma chérie

Si en nous deux croît un amour Infini.

Nous devons, à chaque heure d'Union

Ouvrir les portes de la compréhension

Universelle et de nos âmes vraies

Si nous voulons goûter de l'hymen les attraits

Vers toi s'épanche mon âme

Illuminée par ma passion en flamme.

Toutes mes pensées ont Toi pour sève

Et tu es, mon cœur, la semence de mes rêves.

(Lire le message écrit avec les premières lettres des vers)

L'AVEU

Quand je contemple en silence les étoiles scintillantes

Et que la lune m'inonde de ses reflets d'argent

La nuit m'enlace dans la douceur de ses bras d'ébène

Et j'entends mon cœur te dire tout bas : "JE T'AIME".

Quand j'admire en silence l'immense robe bleutée

Et que je me laisse bercer par la danse des flots

Mon corps et la mer s'unissent en harmonie

Et j'entends mon cœur te dire tout bas : "JE T'AIME".

Quand je m'émerveille en silence face aux jardins fleuris

Et que les rayons du soleil m'offrent de chaudes caresses

Le souffle doux du vent m'enveloppe avec tendresse

Et j'entends mon cœur te dire tout bas : "JE T'AIME".

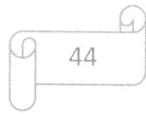

Quand je scrute en silence tous ces monts verdoyants

Et que les chants d'oiseaux illuminent mon âme

La nature épanouie dans sa plénitude m'appelle

Et j'entends mon cœur te dire tout bas :"JE T'AIME".

Quand je savoure en silence l'innocence des enfants

Et que leurs cris de joie me touchent et me retiennent

Un souffle de vie et de vrai Bonheur me transporte

Et j'entends mon cœur te dire Toujours :"JE T'AIME".

L'ILE AU TRESOR

Plongé dans une mer de délices somptueux

J'explore des mains, de ma bouche et des yeux

Les trésors cachés et tout le relief harmonieux

D'une île tropicale m'inondant de doux feux :

Les yeux

Deux mares limpides en amont tour à tour

Reflétant les éclats de la lumière du jour

Et le déploiement intense de la voûte des cieux...

J'embrasse ces perles du monde des lèvres et des yeux.

Le nez

Surplombant le charmant vallon avec aisance

Un petit mont à la pente douce prend naissance

Entre ces deux mares cernées de fins roseaux

Telle une sculpture divine au marbre couleur de peau.

Les narines et la bouche

Deux grottes profondes et jumelles dans le plaisant

Lancent des royaumes enfouis un souffle embaumant

Et s'ouvrent sur un relief tel une rose vermeille

Aux pétales de velours, au nectar sans pareil.

Les lèvres avec un signe de beauté au-dessus du menton et du cou

Avec charme l'une des pétales porte un signe fugace

Et, en dessous de cette fleur digne d'un paradis

S'élève un beau massif à la courbe fort jolie

Qui domine une pente veloutée et lisse en surface.

La chevelure au-dessus des oreilles

Je sonde avec une folle tendresse chacun de ces joyaux

Et je plonge dans cette végétation d'ébène ondulée

Qui camoufle deux cavernes de part et d'autre situées

Entourées par des mielleux sentiers accidentés et chauds.

La poitrine avec un signe de beauté puis les seins

La prairie à la perle noire me mène tendrement

À deux montagnes de rêve où je perdrai la vie:

Belles courbures, douces et molles, elles sont ma folie !

Et surtout à leurs cimes reluit mon gros bouton charmant !

Les bras et aisselles poilues, le ventre, le nombril

Dans le coin intérieur des deux presqu'îles d'amour

J'apprécie cette forêt aux fines et longues touffes

Et je flâne dans la savane qui porte le petit gouffre

Tout aussi mignon dedans que tout autour.

L'Entrejambe et le pubis poilu proche des cuisses

Je la quitte à regret pour une région fabuleuse :

La végétation touffue, reluisante et soyeuse

D'une savane, proche de deux falaises de douceur,

D'où émanent des pures et envoûtantes senteurs.

La vulve

Elle s'ouvre un peu plus bas sur la reine des fleurs

Au calice dentelé et aux deux grands sépales,

À la corolle déployée et ses deux beaux pétales,

Qui cachent des sucs mielleux mijotés en son cœur.

L'Union suprême

L'insecte se glisse avec tendresse entre ses pétales...

De ses ailes et sa trompe caresse le bouton du pistil...

Se couvre du pollen et tout le nectar avale...

Puis s'envole gracieusement vers l'extase tranquille...

L'UNIVERS D'UNE LARME

Une larme,

     Timidement,

          S'épanche

Du coin de l'écrin de tes yeux

Et mon âme,

     En émoi,

          Tourbillonne

Et s'effondre en mes cavernes glaciales.

J'aurais tant voulu caresser cette perle d'argent

Pour qu'elle devienne un ruisseau d'allégresse,

Un pur filet de cristal qui humecterait de gaieté

Les vallées veloutées de ton visage

Et sèmerait,

     Çà et là,

          En s'écoulant doucement

De minuscules étoiles sur l'univers doux de tes joues,

Puis viendrait se blottir

Au creux des pétales de tes lèvres

Pour tendrement les relever

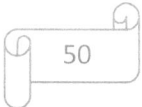

En un sourire au parfum d'innocence

Avant de s'évaporer

En nuées fines et subtiles

Et de s'infiltrer

Dans chaque pore assoiffé de mon être

Pour enfin s'unir à mon sang impatient.

Que ne puis-je me plonger

Dans cette goutte de ton essence

Ruisselant sur ta terre aux senteurs tropicales

Pour qu'elle devienne ainsi

Un océan de Joie, de Paix et de Bonheur

Où nous voguerons tous deux,

Tendrement enlacés,

Vers notre île de Passion insouciante

Où les orchidées écloses par milliers

Comme les grains de ses plages au sable d'or

Où nos pas, s'effleurant d'harmonie,

Inscriront, en dentelles,

Les Éternelles lignes

Du Roman Intemporel de l'Amour.

LA COLOMBE DE L'AMOUR

Ainsi, mon cœur, aveuglé, au fil des jours

Errait çà et là entraînant mon amour

En des déserts mortels de chaleur cuisante

En des abîmes sans fond de ténèbres pesantes.

Le don de mon être veut guérir, ma chérie

Les blessures insensées de ton cœur pour la vie.

Que n'ai-je frappé ton âme cristalline

Oubliant ton passé et tes origines

Alors que mes désirs propres doivent dépérir

Pour laisser la soif de ton bonheur m'envahir.

Le don de mon être veut guérir, ma chérie

Les blessures insensées de ton cœur pour la vie.

Tes larmes d'or ont creusé de profonds sillons

Où s'écoulera, en mon âme, un poison:

Celui du souvenir de tes peines passées...

Il faut que ces traces soient pour nous comblées.

Le don de mon être veut guérir, ma chérie

Les blessures insensées de ton cœur pour la vie.

La colombe de notre amour un jour, blessée

Sur l'arbre de la vie est venue se poser

Pour souffrir en goûtant au fruit rédempteur

Et s'envoler sans fin vers les cimes du bonheur.

Le don de mon être veut guérir, ma chérie

Les blessures insensées de ton cœur pour la vie.

LA FRATERNITÉ

Si tous les hommes pouvaient se prendre par la main

La solitude et la guerre prendraient alors fin

Et l'on vivrait de joies avec une même ardeur

Si seulement tous les hommes pouvaient offrir leur cœur.

Si tous les hommes pouvaient se prendre par la main

L'argent ne serait plus notre pain quotidien

Et, assoiffés d'amour, on oublierait les heurts

Si seulement tous les hommes pouvaient offrir leur cœur.

Si tous les hommes pouvaient se prendre par la main

Tout le mal qui sévit ferait la place au bien

Et se produirait en nous l'éclosion d'une fleur

Si seulement tous les hommes pouvaient offrir leur cœur.

Si tous les hommes pouvaient se prendre par la main

La haine et l'indifférence verraient leur déclin

Et chacun connaîtrait enfin le vrai bonheur

Si seulement tous les hommes pouvaient offrir leur cœur.

Si tous les hommes pouvaient se prendre par la main

Qu'importeraient la peau, le savoir et le gain

Car seuls nos bons sentiments auraient une valeur

Si seulement tous les hommes pouvaient offrir leur cœur.

Si tous les hommes pouvaient se prendre par la main

Injustice et rang social disparaîtraient enfin

Masques et titres allaient s'effriter sur l'heure

Si seulement tous les hommes pouvaient offrir leur cœur.

Si tous les hommes pouvaient se prendre par la main

Bannir tous les mépris serait notre dessein

Paix et félicité en nous seraient deux sœurs

Si seulement tous les hommes pouvaient offrir leur cœur.

Si tous les hommes pouvaient se prendre par la main

S'édifierait en nous l'identité du divin

Pour nous unir au sang d'une matrice supérieure

Si seulement tous les hommes pouvaient offrir leur cœur.

LA LINGERIE

La lingerie est à la femme

Ce que la gerbe d'eau

Si pure et étoilée

Est aux flancs des falaises

Ton moite et basané.

La lingerie est à la femme

Ce que la fraiche rosée

Tendre et veloutée

Est au duvet de verdure

Parfums suaves des prairies

La lingerie est à la femme

Ce que le fin ruisseau

Aux reflets diamantés

Est aux rondeurs des rochers

Douces couleurs d'arc-en-ciel.

La lingerie est à la femme

Ce que la mousse divine

Subtile et dentelée

Est à la terre fraîche

Courbures immaculées.

La lingerie est à la femme

Ce que le cygne fier

Aux allures majestueuses

Est au lac satiné

Miroir d'huile d'argent.

La lingerie est à la femme

Ce que la goutte d'eau

Céleste et limpide

Est à la feuille de velours

Trésor de la nature.

La lingerie est à la femme

Ce qu'une pluie d'été

Scintillante et légère

Est aux monts et aux prés

Courbures pales et voilées.

La lingerie est à la femme

Ce qu'un envol de colombes

Aux nombreux tons pastel

Est aux remous des marées

Ondes coquines sous les mains.

La lingerie est à la femme

Ce que la vapeur d'eau

Transparente et fuyante

Est au ciel doré

Coucher doux du soleil.

La lingerie est à la femme

Ce que les pétales des fleurs

Brodées et ajourées

Sont au jardin fascinant

Paradis pur et soyeux.

La lingerie est à la femme

Ce que les flèches de canne

Dansant aux rythmes des alizés

Sont à la terre dénudée

Arômes chauds des tropiques.

LA NUIT DE NOEL

C'est la nuit de noël !

Et toute l'ile danse et fête

Dans l'euphorie et les mets exotiques

Les liqueurs et les chaudes mimiques

Tandis que minuit chacun guette

Et les présents les cœurs appellent.

C'est la nuit de noël !

Des éclats heureux s'éparpillent

Cà et là dans les yeux innocents

Purs, comme l'âme de ces enfants

Qui rient, courent, tournent en vrilles

Et dans les danseurs s'emmêlent.

C'est la nuit de noël !

Dans le lointain des voix correspondent:

Cloches, chants et sonorités somptueuses

Portées par la brise chaleureuse

Au-delà la matière se fondent

Pour qu'Amour et Joie se mêlent.

C'est la nuit de noël !

Chacun oublie ses peines

Pour fuir vers la joie libérée

Chacun enterre des préjugés

Pour qu'unité et espoir viennent

Dans une naissance si belle.

C'est la nuit de noël !

Le cocotier scrute, solitaire,

Les guirlandes célestes dispersées

Qui unissent des petits brasiers

Ayant l'amour pour mère

Et l'harmonie en elles.

LA REINE DE MA VIE

Sur les méandres du fleuve de mes jours

Un soleil sans pareil, d'étincelles toujours

S'unit intimement aux élans de son cour

Et signe, avec tendresse, les lettres de l'Amour.

Cette Reine de joie du jardin de ma vie

Par les pures vagues de son âme bénie

Étend devant ses pas douces fleurs en tapis

Où dansent les papillons aux mille coloris.

Cette reine d'émoi du pays de mon cœur

Fait Jaillir de ses yeux des sources de Bonheur

Nourrissant les feuillages et les fruits de saveur

Où virevoltent et chantent les oiseaux tous en chœur.

Cette Reine de paix, sur l'éther de mon être

Repend des étoiles et un fluide qui émettent

Une sainte lumière qui donne un air de fête

Où se mêlent, en finesse, violons et trompettes.

Cette reine de grâce sur le monde de mon âme

Lance çà et là les parfums de son charme

Et scelle, intimement l'éternité d'une flamme

Quand perle sur se joue le cristal d'une larme.

LE CINABRE VIVANT

Le silence règne sur la passion qui croit

Nous restons tous deux à l'écart dans une salle bien chargée

Et avec une suave tendresse elle s'approche de moi

Pour m'offrir les célestes liqueurs d'un amoureux baiser.

Ravir cet élan au risque d'être surpris

Et voir venir la fin d'une impatience amoureuse

Font des plaisirs raffinés qu'alors je découvris

En aspirant à rendre l'union de nos heures heureuse.

Mon âme, illuminée par tes charmes déployés,

Laisse mon cœur faire écho aux battements de ton cœur

Tandis qu'une romantique clarté semble nous enlacer

Dans la pénombre qui épie notre douce ferveur.

Mon sang est enflammé par un poison trop vivifiant

Et me laissant bercer par le charme de ses célestes appâts

Contemplant ce divin soleil aux reflets captivant

Sa bouche, miracle des cieux, cause mon trépas.

C'est une riche huître où la perle se range

C'est un antre semé de rubis et de fleurs

Un vase de corail qui recèle une liqueur d'ange

Dont mon sein embrasé tempère ses ardeurs.

Dédale des esprits, petit gouffre de flammes

Où séjournent les rires, les attraits et les jeux

Douce prison de mon cœur, tombeau riche de mon âme

Que je dois combler de mille offrandes et vœux.

Ce cinabre vivant, cette rose si sensible

Ce corail mobile et pourpre en cette mer

Ne sont plus à mes yeux que le reflet visible

De feu qui anime la lave de ce cratère.

Ce doux air qui, sortant de sa bouche déclose,

Humecte la laque qui flambe tout autour

Comme un petit zéphyr, qui pour baiser la rose

Sort sensuellement de son aimable séjour...

LE COLIBRI de TES YEUX

Voilà des années,

Voire une éternité

Que j'observe, émerveillé,

Sans jamais me lasser,

Un petit colibri,

Tout rayonnant de vie,

Dont le pelage,

Tendre image

Aux reflets brillants,

En pluie de diamants,

Des boucles d'ébène

Que l'on voit à peine

Comme mille messages écrits

Offerts aux cieux de midi !

En minuscules faisceaux fuyants

Tel l' arc-en-ciel en mouvement

Il va, puis il vient,

S'arrête et revient

Arc-en-ciel de Joie sans cesse en action

Vague de liberté peuplée d'hésitation

Ange d'insouciance enrobée de pureté

Gouttelettes teintées pour mon âme assoiffée

Compagnon fidèle de mes jours et mes rêves

M'entrainant, furtif, dans sa valse sans trêve

De fleurs en fleurs, îlots de velours

De brises en brises, fluide d'Amour

Petite fée au bec magique

Fragile, tendre et magnifique

Toute mon âme enfantine

Attends de toi un signe.

Oiseau de ma flamme

Idéal de femme

Quand picoreras-tu ?

Et te poseras-tu ?

Éternellement

Amoureusement

Sur l'hibiscus chatoyant de non cœur ?

Fleur-Feu toute offerte à sa Nature Sœur ? ? ?

Ô colibri insaisissable de tes Yeux...

Que ton pelage et mes pétales communient heureux...

.

LE PARFUM DE MON COEUR

Tu rayonnes sans artifices.

Avec toi soit le temps s'arrête

Soit les heures s'écoulent sans que l'on s'en rende compte.

Avec toi la pire des catastrophes

Peut se produire à nos côtés sans que l'on s'en rende compte.

Tu donnes de la vie à la vie.

Tu donnes de la joie à la joie.

Tu donnes de la tendresse à la tendresse.

Tu donnes de la douceur à la douceur.

Tu donnes de la beauté à la beauté.

Tu donnes de l'émotion à l'émotion.

Ta sagesse se nourrit de sagesse.

Ta bonté s'abreuve de bonté.

Sur les brindilles de mon cœur

Ton être allume les flammes de l'amour

Animées par l'essence de ma passion

Pour devenir un brasier sans limites.

On ne laisse pas disparaître

La plus brillante des étoiles.

On l'admire sans se rassasier

Et on garde sa lumière en notre cœur

Au-delà des ténèbres et pour l'éternité.

On ne laisse pas se ternir

Le plus beau des trésors.

On le fait grandir et fructifier

Et on jouit de ses richesses en notre être

Pour à jamais porter de la clarté à l'obscur.

On ne laisse pas se faner

La plus somptueuse des fleurs.

On l'arrose du plus précieux breuvage

Et on l'expose aux rayons du soleil

Pour révéler ses charmes sans pareil.

On ne laisse pas se ternir

Les plus rares des diamants.

On le met dans un écrin

Et on l'astique chaque jour

Pour que ses reflets fascinent sans faiblir.

On ne laisse se tarir

La plus limpide des sources.

On la protège toujours

Et on veille à la fraîcheur et pureté

Du jardin qui l'entoure.

On ne laisse pas s'estomper

Le plus joyeux arc-en-ciel.

On suscite le cristal des eaux

Alliance céleste et intemporelle

Véritables reflets de l'amour Divin.

On ne laisse pas mourir

La plus gracieuse colombe.

On la nourrit des graines de la paix

On lui assure un ciel sans menaces

Et un jardin digne de l'Eden.

LE PASSAGE DE L'OMBRE À LA LUMIÈRE

(Vœux à un enfant lors de son anniversaire ou du nouvel an)

MON ENFANT,

Pour passer de l'Ombre à la Lumière il faut se Battre contre l'Inertie, contre la Paresse,

Pour passer de la Petitesse à la Grandeur il faut Persévérer dans les voies vers le Savoir,

Pour passer de la Faiblesse à la Force il faut très souvent peiner et faire des Efforts et des Sacrifices.

Les exemples nous entourent dans la Nature, dans l'expression de la vie autour de nous :

Le bébé humain ou animal pour naître,

Passage Merveilleux de l'Ombre à la Lumière, de la Petitesse vers la Grandeur, de la Faiblesse vers la Force,

Doit, à ce moment-là, se bouger, progresser, faire des efforts de même que sa mère.

La petite plante, pour éclore de la graine et sortir de terre,

Passage Sublime de l'Ombre à la Lumière, de la Petitesse vers la Grandeur, de la Faiblesse vers la Force,

Doit mettre en œuvre beaucoup d'énergie, d'efforts, d'activité de même que la terre.

L'eau pour jaillir de la terre et progresser vers les ruisseaux, les rivières, les fleuves et enfin la mer,

Passage Remarquable de l'Ombre à la Lumière, de la Petitesse vers la Grandeur, de la Faiblesse vers la Force,

Doit se frayer avec difficulté un passage entre les roches, subir pressions et nettoyages en profondeur.

Tous ceux qui réussissent de grandes œuvres ou des performances sur terre,

Passage Louable de l'Ombre à la Lumière, de la Petitesse (inconnu) vers la Grandeur (célèbre), de la Faiblesse vers la Force,

Doivent travailler beaucoup, se dépasser, redoubler d'efforts, lutter contre des oppositions, renoncer souvent au divertissement et à l'égarement. Cela demande souvent de parvenir à des victoires en soi avant de se confronter à des challenges hors de soi.

Toute notre vie Dieu, la Vie nous donnent les moyens en nous et autour de nous afin de progresser toujours plus dans le passage qui mène de l'Ombre à la Lumière, de la Petitesse vers la Grandeur, de la Faiblesse vers la Force.

Mais c'est surtout quand on a ton âge, mon enfant, que la progression dans ce cheminement doit être très grande. Car plus tard, étant adulte, cette progression est plus difficile si on n'a pas, durant sa vie d'enfance, accumulé suffisamment de ressources intellectuelles, physiques et psychiques.

Que Chaque nouvelle année qui commence pour toi soit une période où, j'espère pour toi, tu mettras beaucoup en œuvre en toi et autour de toi pour encore plus passer de l'Ombre à la Lumière, de la Petitesse vers la Grandeur, de la Faiblesse vers la Force.

L'ECLAT VERDATRE

Certaines nuits tropicales

Sont paisibles au-delà du doux

Philtre des baisers, et ton visage

Un rêve entre mes mains...

Lointaine comme tes yeux

Et fuyant toutes pensées

Tu es venue de la mer de fée

Du vent de charme qui en est l'Âme...

Et je t'embrasse éperdument

Jusqu'à ce que tes lèvres veloutées

S'entrouvrent comme la douce nuit

Emportée, par un souffle divin...

Tu vis alors, nous vivons peut-être;

Le rêve dans lequel tu existes est vrai...

Depuis combien de temps t'ai-je cherché,

Sans le savoir, ô présence touchante ?

Je te serre pour te dire que mes rêves

Sont beaux comme ton visage,

Lointains et purs comme tes yeux,

Et le baiser que je cherche, c'est ton âme.

Doux témoins de mes élans

Un éclat verdâtre me diffuse

Un mystérieux message: "Une flamme

Naît et croît..., vas-tu l'étouffer ? "

LES NYMPHES

Dans le sous-bois se répand un voile terne et humide

Annonçant le passage du fantôme de la nuit

Qui regagne sa demeure éternelle et limpide

Absorbant des ténèbres la clarté et le bruit.

Les rayons de la lune inondent encore l'étang

Quand s'écartent lentement les cascades du buisson

Pour laisser entrevoir une femme, telle un ange blanc,

Qui se penche pour boire les reflets des constellations.

C'est la nymphe adorée, créature de rêverie

Issue de la fusion sublime du Jour et de la Nuit.

C'est la nymphe féerique, créature de charme,

Rose nacrée qui a la pureté et l'amour pour âme.

Elle court vers ses compagnes pleines de Joie et douceur

Qui entament un ballet autour de lucioles et d'œillets

Tandis que leurs robes vaporeuses aux célestes couleurs

Valsent avec leurs chevelures enrichies de bouquets.

Par leurs chants aux sonorités suaves et plaintives

Elles viennent ainsi troubler la densité du silence,

Et allument dans le cœur des brasiers aux teintes vives

Guidant l'âme enchaînée vers des récifs de démence.

Et tandis que les premiers rayons percent le feuillage,

Comme pour fuir les éclats provoquant de notre âge,

Les fées de l'aube glissent d'un pas feutré et gracieux

Emportant ma vision dans leur paradis mystérieux.

LINGERIE DE CANNE À SUCRE

(Sur le corps-terre de mon île tropicale)

Rien ne suscite en moi plus de séduction et d'amour

Que les vallées et collines de mon île natale

Revêtues des cannes à sucres, frêles ondes de velours

Animées et bercées par la brise des alizés

Arrosées et parfumées par ses eaux tropicales.

Les étendues délicates de flèches étincelantes

Épousent à ravir ses vallons et monts harmonieux

Puis s'imprègnent des odeurs suaves et exotiques

Offertes par le creuset riche de cette Chair Antillaise.

Quand elle ôte, comme d'un coup de coutelas

Ces lingeries encore brûlantes de son désir d'amour

Son corps m'enivre des essences chaudes et fruitées

D'une terre apprêtée de cannes coupées et brûlées.

LOINTAINES COMME TOI

Lointaines comme toi,

Mes pensées, chaque nuit,

Solitaires, font le tour,

Au festin de mon amour,

De tes yeux, de ton âme,

Semblables à ces étoiles d'or

Lointaine comme toi.

Et puis les souvenirs s'envolent

Lourds d'une extase mortelle

Pour faire place aux rêveries

Toujours plus folles,

Toujours plus belles,

Semblables aux premières lettres

Lointaines comme toi.

Au sein d'évasions délicieuses

Je te retrouve alors

Grâce au truchement des songes

Ou je vis en moi

Semblables à la saveur de l'union

Lointaine comme toi.

En mon cœur prisonnier

Germent mille projets de bonheur

Car plus je te découvre

Et plus je te cherche

Comme ces nuages de pureté

Survolant des constellations

Lointaines comme toi.

Souvent, dans une fleur adorée,

Se reflète à mes yeux

Ton visage éthéré

Et un élan de liberté m'étreint...

Plus je t'approche

Et plus tu t'éloignes

Car ma passion croit et souffre

Comme l'espoir d'une éternité à deux

Proche de toi.

MERCI MAMAMS

(*Pour la fête des mères*)

Pour toutes les pensées émises chaque demi-journée vers chacun de ses enfants : Merci Mamans.

Pour tous les gestes d'amour faits chaque semaine pour chacun de ses enfants : Merci Mamans.

Pour tous les mots d' « éveils » dits à tous moments pour chacun de ses enfants : Merci Mamans.

Pour tous les élans de cœurs produits chaque jours pour chacun de ses enfants : Merci Mamans.

Pour tous les états d'Âmes exprimés chaque mois pour chacun de ses enfants : Merci Mamans.

Pour tous les soucis et l'espoir ressentis çà et là pour chacun de ses enfants : Merci Mamans.

Pour toutes les inquiétudes ruminées dans une existence pour chacun de ses enfants : Merci Mamans.

Pour toutes les peines endurées chaque année

Pour chacun de ses enfants : Merci Mamans.

Pour toutes les souffrances supportées dans une vie

Pour chacun de ses enfants : Merci Mamans.

Pour toutes les joies manifestées en tout temps

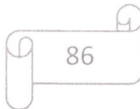

Pour chacun de ses enfants : Merci Mamans.

Pour tout le bonheur apporté éphémère ou durable

Pour chacun de ses enfants : Merci Mamans.

Pour tout ce qui n'a pas de mot offert hors du temps

Pour chacun de ses enfants : Merci Mille fois Mamans.

PERLE DE FEMME

↓

Vite une douce fée accourt

Et brûle mes sens, ravive mon cœur

Use de ma flamme pour, avec ardeur,

Xénophobe me rendre toujours.

Touchant ensuite les confins de mon âme

Usant d'une rare beauté de femme.

Epris d'une cascade de chaînes en fleur

Toutes en or et couleur du jour

Rayonnant en mille parfums de bonheur

Emerveillé, je meurs d'amour.

Mon cœur ne bat plus que pour toi

Ô mon ange, ce brasier trop ardent

Nourrit un incendie en moi.

À l'aube d'un bonheur naissant

Ma sirène me fut arrachée

Ô destin cruel et injuste

Usurpant ma vie... elle... ma fée

Rongeant l'esprit, brûlant mon sang.

(Lire le message formé avec la première lettre des vers)

MON ADORÉE

↓

Merveilleuse déesse aux yeux envoutant

Ange de douceur qui sourit tendrement

Rose charmante aux pétales en velours blanc

Imprégnant mon cœur d'élans d'admiration

Offre-moi ta vie et assouvis ma passion

Nul ne pourra nous séparer, ma chérie

Si en nous deux croit un amour infini.

Nous devons, à chaque heure d'union,

Ouvrir les portes de la compréhension

Universelle et de nos âmes vraies

Si nous voulons goûter de l'hymen les attraits.

Vers toi s'épanche mon âme telle la lave en fusion

Illuminée par les flammes de la passion

Toutes mes pensées ont toi pour sève à toute heure

Et la semence de mes rêves c'est toi, mon cœur.

(Lire le message formé avec la première lettre des vers)

MON ÉTOILE VIVANTE

Un jour tu m'apparais tel le soleil des fleurs

L'autre tu m'es offerte telle une lune de douceur

Et je sens alors au tréfonds de mon âme

Brûler très vivement une ardente flamme.

Mon être tout entier dans un élan t'embrasse

Et admire cette grâce, cette tendresse qui surpasse

De l'amour véritable les plus touchants appâts

Bien plus près de toi mon bien-être culmina.

Toutes tes actions méritent que je t'aime

Et cent fois le jour, sans penser à moi-même

Tes regards, ton toucher, tes rires et tes discours

Font mourir toutes peines et naître mille amours.

Même vénus en mes songes brûle de jalousie

Car l'astre étincelant t'aime à la folie

Toi la beauté parfaite sur une femme apposée

Toi la plus délicate de toute chose crée.

Pour moi tout en toi est délice et ravissement

Et mourir loin de toi est ce que je crains vraiment

Des cheveux jusqu'aux pieds tu es mon île envoutante

Et du cœur jusqu'à l'âme tu es mon étoile vivante.

En cette belle essence de grâces sans pareilles

Heures après heures croissent ses aimables diamants

Et en ce beau tableau raccourci de toutes mes merveilles

Je découvre chaque jour des trésors plus charmants.

MON JARDIN D'EDEN

Ton âme est comme un bouquet de roses ou de fleurs

M'inondant d'ineffables senteurs

Promises à l'épanouissement vers le bonheur

Le vrai, pour une éternité sans douleurs.

Tu es comme des papillons aux couleurs folles

Qui vers moi prennent leur envol

Tel un immense cadeau

Un vrai, le plus beau.

Ce qu'il y a de plus doux en toi est fait

Et cette douceur donne la paix

Comme mille colombes que tes mains enverraient

Tel un plaisir immense

Un vrai, le plus dense.

Tu es comme traversée par un pur ruisseau du Dieu vivant

Qui suit sa course gaiement à travers les champs verdoyants

De ton âme, les fleurs de ton cœur épanouies

Et les rossignols saints de tout ton esprit

Ce pur ruisseau divin te berce chaque jour

Et te mène comme toute eau qui suit son cour

À la mer, mais dans le cas de ton ruisseau divin,

C'est à la mer de l'éternité qu'il mène en fin.

Tu es comme inondée par une pure cascade du dieu vivant

Qui s'étale en mille éclats d'or à travers les champs verdoyants

De ton âme, les fleurs de ton cœur épanouies

Et les rossignols saints de tout ton esprit.

Cette pure cascade divine t'enveloppe à chaque heure

Et te caresse comme toute eau qui tombe en douceur

Vers la terre, mais dans le cas de ta cascade divine

C'est un baptême paradisiaque qu'elle dessine.

NOSTALGIE

Quand je songe aux lumières du pays d'où je viens

Qui dans ses bras fleuris te chauffe et te retient

Je revois les éclats somptueux de tes cheveux bouclés

Qui offrirent à ma face des caresses parfumées.

Quand je songe à la brise du pays d'où je viens

Qui par sa douceur nostalgique toujours me retient

Chaque fois je ressens sur ma peau le souffle tendre

Qui, de ton trésor intérieur, m'apporta des offrandes.

Quand je songe aux fleurs du pays d'où je viens,

Dont la beauté chaleureuse pour chaque cœur est dépeinte

En mon souvenir rayonne tes sourcils fins et rêveurs

Et l'empreinte angélique de tes lèvres aux divines saveurs.

Quand je songe aux reflets du pays d'où je viens,

Riches de chants d'oiseaux et de tiges au beau teint

Sur ma main je ressens la délicatesse de tes doigts

Et vit en moi le scintillement céleste de ta voix.

Quand je songe aux félicités du pays d'où je viens

Où l'ambiance aux cœurs et aux cieux se mêle sans fin

J'approche ce moi profond à mon âme attisée

Et au sein de l'idyllique je veux l'embrasser.

NOTRE UNION

Telle une tendre poésie caressant ton cœur de miel

Telle une vague de joie étalant ses écumes de dentelle

Une fine pluie d'or inondera notre séjour

Si de l'esprit Divin nous nourrissons tout notre Amour.

Toi, la fée de lumière me jetant de doux sorts

Toi, mon ange écarlate à la Parure d'or

Tu seras toujours en moi l'Unique beauté

Si nos cœurs aux voies divines sont attachés.

Quand le jour précieux scintille à l'horizon

Pour que notre union du divin soit le don

Que nos prières sans cesse s'élèvent vers l'Eternel

Et nos cœurs d'élans sains soient comme le ciel.

Tes charmes m'émeuvent et me troublent toujours

Sur les chemins de la vie, mon âme, chaque jour

Resteras à genou à tes pieds admirant tes vertus

Si les souillures du monde n'atteignent pas ton vécu.

PARFUM de SOUVENIR

Pourtant il n'a fallu de Toi qu'une photo

Qui traversa tout le temps sans un moindre mot

Pour réchauffer mon cœur froid et endurci

Par les méandres et les affres de la vie.

Pourtant il n'a fallu qu'un Parfum de Souvenir

Pour faire la fleur commune pousser et s'épanouir

Bercée par la brise de notre passion naissante

Illuminée par notre jeunesse insouciante.

Pourtant il n'a fallu qu'un reflet dans ton regard

Qui parcourt toutes les années sans qu'il ne s'égare

Et vienne irradier mon sang comme au premier jour

Pour ressusciter en ton Paradis pour Toujours.

POURQUOI DONC

POURQUOI DONC

Quand je t'ai rencontré

J'ai eu l'impression de t'avoir déjà vu dans un paradis envolé ?

POURQUOI DONC

Chaque fois que je te vois

J'ai l'impression de t'avoir toujours connu dans un rêve idyllique ?

POURQUOI DONC

Avant que tu me parles

Il me semble connaitre ton message limpide comme une source claire ?

POURQUOI DONC

Quand je suis prés de toi

Je voudrais que tout s'efface et qu'il n'y ait plus que nous deux ?

POURQUOI DONC

Chaque fois avec toi

Je voudrais que s'arrête le temps pour cristalliser mon court bonheur ?

POURQUOI DONC

Quand je m'approche de toi

Mon cœur s'emballe et mon sang s'enflamme avivés par ton essence ?

POURQUOI DONC

Quand j'entends ta voix

Je me sens bercé par des vagues fleuries aux pétales veloutées ?

POURQUOI DONC

Quand ton regard se pose sur moi

Je ressens à la fois une caresse et une torture ?

POURQUOI DONC

Quand je te quitte chaque fois

Toujours je voudrais déjà te revoir peuplant mes yeux et mes rêves ?

POURQUOI DONC

Quand je pense à toi

J'ai peur que tu changes et j'ai peur de te perdre ?

POURQUOI DONC

Quand je repense à toi

J'ai peur que tu souffres ou que tu pleures un jour ?

POURQUOI DONC

Quand je rêve de toi

Je vois un diamant inestimable dans un écrin de cristal ?

POURQUOI DONC

Quand les émotions m'assaillent

Les battements de mon cœur semblent crier ton nom ?

POURQUOI DONC

Quand je sonde les tréfonds de mon être

Je te sens couler en mon sang et mes pensées ?

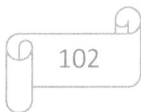

POURQUOI DONC

Quand je cherche la Douceur

Je te vois premièrement ?

POURQUOI DONC

Quand je cherche la Paix

Je te vois de nouveau ?

POURQUOI DONC

Quand je cherche l'Innocence

Je te vois tout d'abord ?

POURQUOI DONC

Quand je cherche la Pureté

Je te vois encore ?

POURQUOI DONC

Quand je cherche la Bonté

Je te vois toujours ?

POURQUOI DONC

Quand je cherche l'éternel Charme Féminin

Je te vois Toi, et Toi seule,

Eden en mon Être.

PRIÈRE SENTIMENTALE

Femme, ma maison est obscure et déserte

Prête-moi ta lumière

Et les reflets de tes yeux

D'ébène vernis.

Femme, mon cœur est triste et solitaire

Prête-moi ton amour

Et les caresses de ton âme

Aux pétales jolis.

Femme, mon chemin est long et sinueux

Prête-moi ta main

Et les fruits de ta présence

Insondables richesses.

Femme, mon regard est terne et hagard

Prête-moi ton visage

Et la douceur de ton ramage

Au fil des jours.

Femme, mon sang est froid et pauvre

Prêtes moi donc le tien

Et la chaleur de ta vie

Au fil des siècles.

QUAND JE SERAI VIEUX

Quand je serai vieux,

Croulant sous le poids des années,

Je remercierai Dieu

Pour m'avoir trop aimé.

Mais toujours je serai

Plein d'Amour assoiffé,

Ivre d'Ardeur et de Vie

Et l'Âme en fleur qui sourit.

Ennemi de la solitude

Au sein d'une multitude

Une existence de Bonheur

S'est greffée à une Splendeur.

Voir sa mort nous sourire

Et mon cœur se languir

Mais s'accroche à sa foi

Et fuit le désarroi.

Quand je serai vieux,

Croulant sous le poids des années,

Je remercierai Dieu

Pour son souffle d'Éternité.

REFLETS

J'aime à voir en ton visage le jour qui me sourit

Et en tes yeux le soleil qui illumine ma vie.

J'aime à voir en ton sourire la douceur angélique

Et en tes yeux la lune des nuits mélancoliques.

J'aime à voir sur ton corps les ondes et les cieux

Et en tes yeux le charme des astres mystérieux.

J'aime à voir en ton être la nature en éclat

Et en tes yeux les diamants aux puissants appâts.

J'aime à voir en ton cœur cette colombe qui s'élève

Et en tes yeux les lumières candides des doux rêves.

J'aime à voir en ton âme cette fleur qui s'épanouit

Et en tes yeux les reflets des vertus de la vie.

REGARDS EN COMMUNION

Quand tes yeux croisent mes yeux

C'est comme si, tout à coup,

Un univers si doux

De diamants et de fleurs

S'étale face à mon cœur

Avec ses mille soleils.

Quand tes yeux croisent mes yeux

J'admire émerveillé

Un rayon épuré

De tendresse et de charme

Qui inonde mon âme

D'un océan d'étoile.

Quand tes yeux croisent mes yeux

C'est comme si je m'endors

En un rêve multicolore

Ou je danse et je vole

Au rythme du rossignol

Et au chant de ta voix.

Quand tes yeux croisent mes yeux

Les larmes de ton cœur

Baptisent tout en douceur

Dans tes eaux angéliques

Mon être bénéfique

Au service de l'Amour.

Quand tes yeux croisent mes yeux

Je t'aurais enlevé

Pour toute l'Éternité

Vers mon ile de Passion

Ou précieux est ton nom

Evoquant plus qu'un Ange.

Quand tes yeux croisent mes yeux

Comment puis-je résister

À tes lèvres veloutées

Au sourire d'innocence

À ton air d'insouciance

Qui peuplent mes pensées.

Quand tes yeux croisent mes yeux

Je me sens muer en une luciole

Qui espère, dans une valse folle

Percer les ténèbres du monde

Et devenir cet astre qui inonde

Et fait jaillir...le jour.

RÊVERIE

Si j'étais un oiseau,

Par-dessus les étendues sans fin,

Je cueillerais des fleurs par milliers

Pour te faire un lit doux et parfumé

Puis j'irais me poser sur ta main

Pour subir tes appeaux.

Si j'étais un fleuve,

Toujours plus ample dans les flots

Je me déverserais pour que là-bas,

Dans l'onde, tu vois reluire mes appâts,

Et telle une sirène en mes eaux

De tes chants tu m'abreuves.

Si j'étais un arbre,

Au tréfonds mes racines

Puiseraient les richesses de la terre,

Pour que des fruits d'or je puisse faire

Et t'offrir leur chair fine

Sous un feuillage de marbre.

Si j'étais un nuage

À travers les nuées, tel un ange éthéré,

Je me chargerais du fluide d'amour

Et, brillant sous ton toit, nuit et jour

Tombera une averse de félicité

Et de tendres messages.

Si j'étais une étoile,

Sans cesse je sonderais l'univers profond

Pour percer tous les secrets du firmament,

Et parer ton âme de ses joyaux brillants

Guettant tes yeux tournés vers les constellations

Le soir, sous un doux voile.

RIEN QUE POUR TES YEUX

Rien que pour tes yeux

Je visiterai les constellations des quatre coins du ciel

Pour t'offrir des diamants aux reflets éternels

Et mettre à tes pieds les plus belles étoiles.

Rien que pour tes yeux

Je pourchasserai tous les démons des cieux

Pour vivre enfin un paradis à deux

Dans un monde enchanteur où tu serais ma reine.

Rien que pour tes yeux

Je pénétrerai tous les lieux où l'on s'égare

Et te cueillir des fleurs aux senteurs les plus rares

Pour orner tes cheveux et parfumer ta peau.

Rien que pour tes yeux

J'essaierai d'attraper un rayon de soleil

Pour l'offrir à ton cœur qui toujours m'émerveille

Et qu'ainsi par ton sang tu illumines ma vie.

Rien que pour tes yeux

Je t'emmènerai sur toutes les terres d'ici-bas

Pour signer chaque sol de nos rires et nos pas

Et pour graver ainsi un souvenir infini.

Rien que pour tes yeux

J'essaierai même de saisir les plumes des ailes d'ange

Pour te faire une parure plus riche qu'une mésange

Toute digne de la fée de mes jours et mes nuits.

Rien que pour tes yeux

Comme Jésus-Christ je porterai ma croix

Pour subir les outrages, le mensonge et l'effroi

Et pour sauver ta vie, aller jusqu'à la mort.

Rien que pour tes yeux

Je réaliserai tes projets les plus fous

Tant que nous gardons notre Dieu avec nous

Je serai ton serviteur à tout jamais dévoué.

SANS TOI

Ma maison sans Toi est comme un jardin sans fleur

Mon quartier sans Toi est comme une rivière sans eaux

Ma ville sans Toi est comme une école sans enfants

Mon pays sans Toi est comme un arbre sans feuilles

La terre sans Toi est comme une nuit sans étoile

L'univers sans Toi est comme un film sans scénario

L'air sans Toi est comme un parfum sans odeur

Mes secondes sans Toi sont comme un jour sans soleil

Mes heures sans Toi sont comme une harpe sans son

Mes pensées sans Toi sont comme un oiseau sans ailes

Mon sang sans Toi est comme une mer de glace

Mon être sans Toi est comme un corps sans vie

Tout sans Toi est comme un espace où règne le vide.

SI NOUS POUVIONS NOUS AIMER...

Si nous pouvions nous aimer avec intensité

Je serais l'être le plus heureux du monde

Et les glaces aubes des soucis allaient fondre

Si dans l'union nous pouvions nous évader.

Si nous pouvions nous aimer avec très vive foi

Une Vie éternelle ne pourrait étouffer mon cœur,

Et, dans le jardin de nos vies, chaque jour serait une fleur

Si dans l'union je revivais chaque seconde avec Toi.

Si nous pouvions nous aimer avec beaucoup d'ardeur

Tu verrais mon âme transcender vers les constellations

Et redescendre vers toi en mille reflets d'affection

Si dans l'union nous savourions le vrai Bonheur.

Si nous pouvions nous aimer avec tendresse

Tout simplement tu me garderais au plus près de Toi

Et tu nous éviterais un avenir sombre, crois-moi

Si dans l'union nous vivions sans cesse.

Si nous pouvions nous aimer sans bornes

Nous éviterions ainsi de devoir rompre un jour,

Car la déchirure est le fruit d'arbres sans sève d'Amour

Si dans l'union nous fuyons les heures trop mornes.

Si nous pouvions nous aimer éternellement

Dis, si nous protégions notre flamme

Grâce au vrai sceau qui lie un Homme et une Femme

Alors dans la Fusion nous consumerions l'épanouissement.

SOUVENIRS

Je ne me souviens plus quel était son sourire

Mais je sais qu'en ses yeux la joie miroitait

Et que ses lèvres en pétales de rose se formaient.

Je revois ainsi l'éclat divin de ses rires.

Je ne me souviens plus du vrai noir de ses yeux

Pourtant lorsque les cieux s'entrouvrent la nuit,

Lorsqu'aux voies lactées la lune chante sans bruit,

Je revois en rêvant ce noir pur et audacieux.

Je ne me souviens plus de sa voix, quelle soie !

Mais pendant que le vent me caresse en chantant

La chaude voix de Yannie appelle et je l'entends

Au fond lointain des cieux où tout le temps se noie.

T'AIMER

Naître pour t'aimer

Et t'aimer pour Naître.

Grandir pour t'aimer

Et t'aimer pour Grandir.

Apprendre pour t'aimer

Et t'aimer pour Apprendre.

Vivre pour t'aimer

Et t'aimer pour Vivre.

Découvrir pour t'aimer

Et t'aimer pour Découvrir.

Te chercher pour t'aimer

Et t'aimer pour te chercher.

Te trouver pour t'aimer

Et t'aimer pour te trouver.

S'adoucir pour t'aimer

Et t'aimer pour s'adoucir.

Te servir pour t'aimer

Et t'aimer pour te servir.

Pleurer pour t'aimer

Et t'aimer pour pleurer.

Rire pour t'aimer

Et t'aimer pour rire.

S'émerveiller pour t'aimer

Et t'aimer pour s'émerveiller.

Etre humble pour t'aimer

Et t'aimer pour être humble.

Se purifier pour t'aimer

Et t'aimer pour se purifier.

Penser pour t'aimer

Et t'aimer pour penser.

Se surpasser pour t'aimer

Et t'aimer pour se surpasser.

S'attendrir pour t'aimer

Et t'aimer pour s'attendrir.

Te contempler pour t'aimer

Et t'aimer pour te contempler.

T'illuminer pour t'aimer

Et t'aimer pour t'illuminer.

Mourir d'amour pour t'aimer

Et t'aimer pour mourir d'amour.

Ressusciter pour t'aimer

Et t'aimer pour ressusciter.

TA SIGNATURE

Offerte pour une seconde ou pour une journée

Promise pour une vie ou pour l'éternité

Tu es, Douce fée,

La Paix personnifiée,

Paix du cœur étalée

Paix de l'esprit dévoilée.

Tu es, Fleur de Charme,

La Douceur faite femme,

Douceur des yeux sans larmes

Douceur des parfums de ton Âme.

J'unirais ta Paix, ta Douceur et l'Émotion

À la Tendresse, la Foi et la Passion

Si seulement tu voulais

Sur la lettre de ma vie

Poser ta signature avec l'encre d'or de l'Amour.

TOI

Par toi, encore et encore il faudrait souffrir

Par toi, souffrir, frémir, gémir et en larmes fondre

Par toi, cent fois, mille fois il faudrait mourir

Et avec toi, à chaque minute, chaque seconde

Nuits et jours, cent fois, sans fin, je voudrais vivre

Et, tel un soleil levant, mille fois me sentir revivre.

Toi, toute la douceur du monde…

Tes yeux de biche, deux lunes mélancoliques

Toi, la sensibilité du monde...

Le charme de ton nez en mes rêves gravé.

Toi, toute la tendresse du monde...

Ta bouche en fleur au nectar savoureux.

Toi, toute la splendeur du monde...

Tes cheveux, mer fuyante au flot parfumé.

Toi, tout le charme du monde

Un cygne à l'aura éclatante et envoûtante

Et toi, trop jolie, éblouissante comme l'aurore.

Qu'ont à envier ton esprit et ton cœur ?

Tout aussi doux, sensibles et ardents

Une infinité de bonté, de tendresse et candeur

Gentillesse et amabilité, les globules de ton sang.

Puis-je rester insensible au sublime qui s'épanche ?

J'ai beau lutter, fermer contre moi-même les yeux

En vain ! Mon esprit, mon cœur, tout mon être flanche

Je me ferais, sans gémir, transpercé par un pieu.

Amour, beau sentiment, le plus prodigieux !

Véritable et réciproque, il peut faire Un de Deux

Et, de cet Un, créer un être proche de la divinité

Dans une union indescriptible, forte pour l'éternité...

Nous serons à l'écoute de nos cœurs charmés

Nous aurons en commun un astre à contempler

Une soif à endurer, une voie où évoluer.

Chacun voudra se rejeter pour se métamorphoser

Nous nous enrichissons par nos âmes échangées.

L'Amour pur c'est dieu et un amour vrai c'est l'autre

Mais l'amour passion c'est toi et personne d'autre

Toi qui seule peux m'offrir un suprême bien

Car, je l'avoue, mon être vit à travers le tien

Et depuis... qu'importe ! En cachette j'en souffre

Car mon cœur enflammé avec ardeur me pousse

Et le froid mortel des forces contraires repousse

Donc cet amour réclame la vie à ton souffle.

TOURBILLONS INTÉRIEURS

Quand la Robe d'étoiles de tes Univers élus

Revêt avec Grâce mon âme éprise et émue

Un ballet Féerique de Lucioles se déploie

En mes émois qui, dans l'Océan de Joie, se noient

À la Clarté de la lune de mes Nuits Intérieures

Où veille toujours la Flamme de Paix et de Douceur.

Et en moi volent et dansent, tel des anges de l'Amour,

Milles Colombes aux plumes d'Argent et aux chants de velours

Qui s'unissent et forment un immense Cœur pour Toujours

Offert pour que tu Rayonnes à la Lumière des jours.

TROIS DANSEURS DÉBRIDÉS

Noyés par un rythme endiablé

Soudain trois bons hommes s'animent

Et s'ébattent, ensorcelés

D'ardeur et d'euphorie en cime...

Ils bougent, s'ébranlent et se plient

Puis se désarticulent et jouent,

S'emmêlent, tourbillonnent et crient

Tels trois clowns danseurs un peu fous...

Et ce petit monde harmonieux

Glisse ainsi vers son bonheur

En un univers de jeu,

De vie, de joie et de chaleur.

À l'écart des préjugés

Et des appréhensions mortelles

Avides d'expression et de liberté

Au sein d'une richesse bien belle.

UN CALVAIRE DE BONHEUR

Sur le calvaire de mon Amour sans limite

Je porte la croix que ta séduction suscite.

Et je te demande de la dresser sans attendre

Sur la montagne que toute ma passion engendre.

Plante les clous de ton attrait à mes mains

Et à mes pieds ceux de ton charme divin.

Ainsi à ton être toujours bien arrimé

Loin de toi je ne pourrai pas m'égarer.

À ta Passion Suprême je reste ainsi offert

Mon âme, mes bras et tout mon cœur vers toi ouverts

Prêt à te remettre mes fautes et tous mes désirs

Pour que dans ta pureté tu puisses les accueillir.

Alors planera dans le ciel de ta douceur

La colombe de tendresse et de bonheur.

Et brillera dans l'univers de ta candeur

Ma résurrection, mon Paradis enchanteur.

UN SOLEIL PRÉNOMME

↓

Y fleurit dans une île de douceur

Oh une perle de bonté et de cœur

Logée en un château trop modeste

Alors qu'un doux royaume céleste

Installé en un paradis d'argent

Ne suffirait pour ce joyau Charmant,

Elle, qui mérite bien plus que Tout...

Y fleurit dans un pays si doux,

À l'écart du bonheur, une princesse ;

Nul ne peut sonder tout son charme !

Nul ne peut apprécier ses richesses !

Il se peut qu'au Paradis de félicité

Elle soit, qui sait, un jour emportée.

(Lire le message formé avec les premières lettres des vers)

UNE MOUETTE AU SOLEIL COUCHANT

(AVANT DE TE QUITTER)

À l'ombre d'un cocotier, un jour béni, j'ai rêvé...

Une petite mouette, désemparée et affamée,

Survole, en pleurs, un océan ingrat et profond...

Elle assiste, avec détresse, à un spectacle sanglant

Un céleste feu, lentement, sombre à l'horizon

Sous les coups mortels et acharnés du temps.

Elle plonge déjà dans la douleur de l'absence

Mais son cœur survit car ces ténèbres s'en iront

Et bientôt la clarté lui offrira sa semence

Car l'Astre jaillira là-bas derrière les monts

De cette île aux fleurs mères de son sang

Pour la nourrir de Vie et d'Espoirs ardents.

FIN DU VOYAGE POÉTIQUE

J'espère que cette lecture vous a permis de rêver, imaginer et vivre une évasion touchante, mémorable dans un univers enchanteur, unique, bienfaisant.

En espérant vous retrouver bientôt dans un nouvel itinéraire poétique que je souhaite vous offrir dans mon second recueil :

« RAYONS POÉTIQUES de LUMIÈRE vers votre COEUR-PARADIS de FLEURS »

Voilà la liste des titres :

ADMIRATION

AMOUR IDEAL (acrostiche)

ASPIRATIONS

AU CREPUSCULE DE MON AME

AUBE

CHER ANGE DES ILES

CHERE PRINCESSE

CONTEMPLATION

CORRESPONDANCE FACE A L'OBSCUR

CREPUSCULE TENEBREUX

CRI DU COEUR

CHERIE MALGRE LE TEMPS

DE TOI VERS MOI

DEDICACE D'AMOUR

DESTINEE HUMAINE

DU FOND DU COEUR

ETANT DONNE

ETERNELLEMENT TOI

FEU D'ARTIFICE D'AMOUR

HONOREE PAR LA NATURE

IL FAUT

JADIS (acrostiche)

L'APPEL DES LARMES

L'AUBE DU DEPART

L'ETOILE

L'AMOUR SPIRITUEL

LA CREATION DIVINE

LA CADENCE ANTILLAISE

LA DECHIRURE DU DEPART

LA DIVINITE

LA LUNE

LA MESANGE

LA SIRENE

LES ADVERSAIRES DE L'AMOUR

LOIN DE TOI

L'INTIMITEE DE MES VOEUX

MA CHERE SŒUR (acrostiche)

MERE CHERIE

MON AIMEE

MON AME EST EN EXTASE

MON COEUR

NOS INSTANTS

NOTRE MERE (acrostiche)

NYMPHES EN RÊVE

Ô MUSIQUE

OFFRANDES

PARADIS ENVOLE

PASSION ILLIMITEE

PETIT MOT DOUX

POUR SON AMOUR

POUR UNE MICHE DE PAIN

POUR VOTRE UNION

PRECIEUSE (acrostiche)

REFLET DE PARADIS

SEVRAGE D'AMOUR

SONGES

SOUFFRANCE HIVERNALE

TA DOULEUR

TENDRESSE PASSIONNEE

TES YEUX

TORTURE

UN JOUR PAS COMME LES AUTRES

UNE COLOMBE DE LUMIERE

JE DEDIE MA VIE A L'AMOUR

TOUS LES ENFANTS DU MONDE

Edition : Books on Demand,
12/14 rond-Point des Champs-Elysées, 75008 Paris
Impression : BoD - Books on Demand, Norderstedt, Allemagne
ISBN : 9782322171057
Dépôt légal : Avril 2019